AF400138

Le grelot

Laurence Meyer

Cette douleur-là

M'apparaît à chaque fois

Que j'ose rêver.

1– le bâillon

La maîtresse lui a dit.

Mon ventre est serré ; je tente de retenir la main de ma mère qui me tire vers le sommet de la colline.

Ce n'est qu'une butte mais depuis là-haut, je vois la tour vers laquelle nous nous dirigeons. Nous arriverons bientôt à notre appartement et j'essaie de ralentir la cadence agacée qui m'y emmène.

Je vais voir la trempe que je vais recevoir m'informe-t-elle. J'ai à peine cinq ans et j'ai trop parlé à l'école. La maîtresse lui a dit qu'elle avait dû me coller du scotch sur la bouche. Je ressens encore le moment infâme de ce bâillon collant qui est arraché, laissant un goût amer sur mes lèvres. Je ne sais pas encore qu'au même âge, maman avait subi bien pire.

Elle cachait sa cicatrice sous sa montre, mais elle nous la montrait néanmoins régulièrement. Celle qui la mit au monde avait fauté et son mari renia cette enfant lorsqu'il le sut. Elle perdit un père et sa mère semblait encombrée par cette petite fille non désirée. On murmurait dans le village qu'elles furent deux mais que l'une d'elle fut noyée. Les croyances et médisances allaient bon train au cœur de cette France profonde et miséreuse. La vérité ne sera jamais révélée, que ce soit sur l'existence de cette jumelle comme de l'identité du père de la survivante, ma mère.

Elle grandit sous la violence. L'apothéose en fut atteinte sans aucun doute le jour où, trop proche de sa marâtre qui coupait du bois, la serpe s'abattit sur le poignet de l'enfant. C'est l'enseignante qui déclencha le départ de ma mère de ce foyer malveillant : un signalement qui la propulsa d'orphelinats en pensionnats selon les places disponibles.

Sa vie ne fut guère plus douce, auprès de « sœurs » et de « mères » dépourvues de bienveillance. Elle connut les « maisons de redressement » avec des colocataires au passé douloureux et violent.

Il lui arriva de les suivre lors de soirées où elles faisaient le mur pour des soirées souvent peu recommandables.

Puis vint le temps où elle fut « placée » auprès de familles en tant que « boniche » comme elle disait. C'est au cours d'un soir où elle fut autorisée à sortie au bal qu'elle croisa la route de mon père. Je pointais le bout de mon nez neuf mois plus tard, après un mariage de convention, ma grand-mère paternelle voulant que son fils assume ma venue.

Je naquis entre un père peu impliqué, une mère peu mature et une grand-mère qui pensait bien faire en supervisant les soins qu'on me prodiguait, remplie dès les premières secondes de ma vie d'un amour inconditionnel.

Ma vie aurait pu être plus douce si un peu d'amour avait pu naitre entre mes parents et si ma mère ne s'était pas sentie méprisée dans son rôle de mère ainsi que dans celui d'épouse.

Je le compris très vite, très jeune. Lorsque la trempe arrivait, Maman me disait bien que ce n'était pas la peine d'appeler ma grand-mère. Elle était trop loin pour m'entendre.

Se taire à jamais.

L'insipide vérité

Torture l'âme

2- Insomnie

Il fait nuit, l'appartement est silencieux. Je perçois seulement le ronronnement du téléviseur au loin. Comme chaque soir, ne trouvant pas le sommeil, je m'agite dans mon lit et sens déjà l'envie d'uriner m'envahir. Bientôt, je ne pense plus qu'au besoin urgent d'aller aux toilettes.

Je finis par me relever en essayant d'être la plus discrète possible. Je longe le couloir et m'arrête devant la porte vitrée qui donne sur le salon où mes parents regardent la télévision. Tout semble calme, je retiens mon souffle. J'avance rapidement mais j'entends déjà ma mère qui a repéré ma présence : « Encore debout, Pisse trois gouttes ? Va te recoucher ! Dépêche- toi… »

Le cœur battant, après avoir déposé mes trois gouttes, je retrouve mon lit. Je sais pourtant que l'envie va revenir, pressante et indomptable, jusqu'à ce que je tombe de fatigue.

Qu'avais-je besoin de montrer, de surveiller, de vérifier ?

Héritage

Si je lance un regard curieux sur les hommes de mon passé familial, je ne peux que constater une récurrence d'hommes inexistants, fantomatiques ou résignés.

Pères inconnus ou ayant fuis, hommes enfants un brin immatures ou fragiles.

N'as-tu rien vu Papa ?

3- Chanter en chœur

Maman est sur le sol. Elle gémit, pleure, dit qu'elle veut crever. L'angoisse m'étreint.

Mon père grommelle, sombre, déjà courbé par le poids de l'accablement dont il semble envahi. C'est pourtant lui qui l'a frappée ; exaspéré par la fureur et les hurlements de ma mère, il a craqué.

J'ai à peine dix ans, j'ai peur.
Je suis incapable de mettre des mots sur ce qui se passe, devant ces adultes qui se déchirent.
J'ai emmené mes sœurs et mon frère dans une chambre. On chante très fort pour ne pas entendre la rage qui sévit dans la maison. Ils sont en sécurité, serrés les uns contre les autres. Je prie pour qu'un drame n'arrive pas.

J'aimerai que les fées et les lutins dont ma grand-mère me parle souvent m'emportent dans leur jardin magique et que je n'entende plus les cris qui redoublent. Je me sens si angoissée que je sors de la maison et crie à mon tour dans la nuit pour demander de l'aide. Mais rien ne bouge.

Les familles aux alentours restent muettes, sans doute loin d'imaginer ma détresse. Peut-être mes cris sont-ils restés dans ma poitrine, peut-être ai-je crié tout bas.

Je voudrais que tout s'arrête.

4- Une idée du bonheur

Je me suis installée devant la petite maison de ma Mémé : une masure aux volets rouge foncé qui s'ouvre sur une cour passante et sur un accès au jardin.

J'ai étalé une couverture au milieu de la cour sur laquelle j'ai disposé un ensemble de contenants miniatures, seau, bassine, pichet.

Je joue à la toilette de ma poupée. Je suis seule, heureuse et apaisée. Le chant des oiseaux accompagne ce moment suspendu, un matin de printemps ensoleillé. Le ciel est bleu et j'observe inlassablement le ballet des nuages et le tracé lointain d'un avion. J'imagine la vie de ses voyageurs richissimes.

L'immensité des cieux m'interroge, me donne le vertige. Des milliers de questions m'assaillent, l'univers, l'infini… Je sens que ce qui m'envahit n'est pas descriptible, que quelque chose de grand est au-dessus de moi et peut être me protègera, me sauvera.

Un plaisir intense accompagne cet espoir que tout ira bien.

5- le grelot

Emmène-moi !

S'il te plaît, emmène–moi ! Ne me laisse pas ici…

Je suis à nouveau envahie des cris, des insultes et de la rage qui me foudroient et de la peur.

Papa est à la maison depuis son accident. Il a été percuté par une voiture alors qu'il traversait la rue principale de notre village, ivre selon maman.

Alors les disputes s'enchaînent ; les mains sur les oreilles ne suffisent plus à mettre en parenthèse ce qui se passe autour de moi.

Ce dimanche-là, mémé est venue par le train comme elle le fait chaque semaine depuis l'accident.

C'est au moment de son départ, ce jour-là, que je l'ai suppliée de m'éloigner de cet enfer. Elle a pris ma main dans la sienne et nous sommes parties.

De la place s'est alors crée dans mon corps, permettant à la gratitude, à l'espoir et à une forme d'apaisement de s'y installer.

Sur le chemin qui nous menait à la gare, nous avons regardé les nuages poussés par le vent. Puis elle m'a fabriqué un grelot avec des tiges de joncs ramassés autour de l'étang et j'ai alors délicieusement retrouvé pour un moment ma place d'enfant.

6– le jeudi

C'est jeudi aujourd'hui. Le soir et l'obscurité sont tombés pendant que j'achève la lecture de mon livre. Mémé va bientôt rentrer du travail et me dire que je m'abime les yeux, que je dois penser à allumer plus tôt.

Il n'y a pas école le jeudi. Ce matin, Mémé m'a laissé des boîtes de biscuits vides et a sorti le carton où sont rassemblés mes trésors : tout ce dont j'ai besoin pour créer de belles histoires. Je découpe les boîtes et en fais des maisons pour mes petites poupées de chiffon créées de mes mains avec l'aide de ma grand-mère. Portes, fenêtres et mobiliers en carton complètent la bâtisse. Alors s'inventent peu à peu les histoires ; le temps s'égrène avec délice, je rêve et crée des aventures à n'en plus finir.

Jeudi, c'est aussi jour de marché. Mémé rentrera déjeuner un peu plus tard car elle y sera passée. Ce jour-là, c'est moi qui fouette les œufs dans le bol avec la ciboulette.

Mémé sourit toujours lorsqu'elle les fait glisser dans la poêle : j'ai du mal à la ciseler finement et de grandes tiges flottent à la surface.

Avant de repartir à l'usine, Mémé sort de son cabas un nouveau livre, acheté sur le marché.

Je m'y plonge, et le soir est tombé….

7– Retour

Je ne sais plus aujourd'hui pourquoi je suis rentrée. J'ai sans doute grandi, ainsi que ma conscience du privilège qui m'était accordé.

Je passais une partie des vacances scolaires avec mes frères et sœurs. J'y trouvais une forme de vie somme toute joyeuse avec des après-midis entiers passés à la piscine du village. Cela me changeait de ma vie d'enfant solitaire.

J'ai probablement réalisé aussi que je délaissais, voire abandonnais mes sœurs et mon petit frère.

Le retour vers le foyer calme et sécurisant de ma grand-mère est devenu douloureux. Un jour où je n'ai pu retenir mes larmes dans la voiture de mon père, celui-ci s'est agacé, me disant qu'il fallait peut-être savoir ce que je voulais ! Je ne savais que lui répondre, je me sentais perdue et envahie d'une profonde tristesse. Je ne savais pas non plus que plus tard, je retiendrai à nouveau mes larmes sur le trajet inverse ; à chaque fin de vacances passées auprès de celle qui m'apportait tant de calme et de paix.

Je suis donc rentrée, au bout de presque 3 ans. J'avais grandi mais je n'étais pas plus armée face aux colères et à la violence. Mais j'étais présente ; je pouvais chanter haut et fort avec les petits pour qu'ils oublient la fureur environnante.

8– Liberté

Le soleil de l'été s'est invité dans notre campagne ; les grandes vacances sont là, accompagnées des joies de l'enfance.
Malgré tout.

Devant la maison, nous faisons des concours de sable doux. Inlassablement, nous frottons vivement le sol de nos mains pour en faire jaillir du sable aussi fin que de la farine. Nous jouons dans la poussière de l'été.

Nous allons au village le matin pour acheter le pain et des bidons de lait frais chez la laitière. Il y règne cette odeur particulière de lait caillé. J'aime voir la louche déverser le breuvage luisant et crémeux dans nos pots à lait.

Certains après-midis, nous prenons nos vélos pour suivre Maman sur sa mobylette bleue. Le vent chaud ne parvient pas à soulever de nos peaux moites, les grains de sable qui s'y sont collés. La route ombragée est tranquille. Elle nous mène à un étang, havre de silence bientôt perturbé par nos éclats de voix et nos jeux d'enfants.

Nous y prenons notre goûter : des madeleines longues que nous trempons dans une boîte de compote de pommes au goût légèrement métallisé.

Moments de grâce, parenthèse enchantée.

9– La trêve de Noël

Je ne sais si c'est la magie de cet évènement tant attendu mais la maison semble s'apaiser et se pare comme toutes les autres de ses habits de lumière.

Papa rentre avec un petit sapin que nous nous empressons de décorer de boules et guirlandes défraichies mais dont le scintillement nous ravit. L'odeur de résine nous plonge dans cette atmosphère particulière de la magie de Noël. La télévision nous apporte son lot de programmes qui nous enchantent. Les vitrines des quelques commerçants du village sont pailletées de couleur et les bûches du boulanger nous font saliver.

C'est la période où nous ne sommes que des enfants impatients et pleins d'espoir, comme tous les autres. La fête est modeste. Le dîner se déroule dans la salle à manger et non dans notre minuscule cuisine, témoin de nombreux vols d'ustensiles divers lorsque la colère gronde et que s'enflamment mots et gestes.

Comme chaque année, Papa a acheté un assortiment de charcuterie. C'est le Noël salami ! On picore et se chamaille pour obtenir la dernière tranche. Le dessert ne propose pas la bûche tant convoitée mais un plateau de mignardises qui nous régalent tout autant et provoque inévitablement les mêmes soucis de partage. Chaque bouchée est longuement savourée, le temps de laisser fondre les glaçages sucrés.

L'autorisation nous est donnée de regarder le programme télévisuel de cette soirée particulière. L'excitation monte et chacun a du mal à trouver le sommeil, dans l'attente du matin et des cadeaux à venir.

Une respiration

Sous le ciel voilé d'hiver

-Le temps suspendu

10- le lien

Ce matin-là, la fièvre m'avait terrassée. Maman a décidé que je n'irai pas à l'école. Du haut de mes dix ans, je pouvais rester seule pendant que Maman irait remplir sa mission d'aide-ménagère auprès de personnes âgées.

Je la regardais enfourcher sa mobylette bleue en espérant qu'elle reviendrait vite. Elle n'avait pas le permis de conduire et se déplaçait uniquement en deux roues. Je me souviens qu'elle m'avait raconté être allée m'observer dans la cour de l'école du village voisin lorsque je vivais auprès de ma grand-mère. J'avais été impressionnée qu'elle fasse tous ces kilomètres sur son engin bleu.

Mes sœurs et mon frère étaient à l'école. Tout prit une autre dimension ; la maison était silencieuse et les pièces me semblaient plus grandes sans l'agitation habituelle. J'essayais de lire pour m'occuper mais j'attendais tant ma mère que je ne parvenais pas à rester concentrée sur les mots qui défilaient sous mes yeux. Pour la première fois, j'allais profiter de sa présence, être l'objet unique de son attention, au calme.

Et ce fut quelque chose qui me sembla magique, terriblement agréable et merveilleux. Nous avons déjeuné toutes les deux en écoutant la radio et une émission de jeux que maman adorait. Puis nous avons partagé un après-midi autour de mots fléchés, de la télévision et du crochet qu'elle maniait à la perfection.

Ce fut l'unique journée où j'eus la sensation d'une relation normale et ordinaire entre une mère et sa fille, où chacune était à sa place.

11- la copine salace

Une amie rendait souvent visite à ma mère. Je me souviens d'une femme petite, légèrement ronde, toujours maquillée et habillée de façon que je jugeais outrancière, certainement vulgaire. Elles prenaient leur café dans la cuisine et j'écoutais souvent leurs conversations.

J'avais une dizaine d'années me semble-t-il et leurs propos m'interrogeaient. Il faut dire que cette amie avait le verbe « cru » et elle appréciait détailler son activité sexuelle et les caractéristiques de ses partenaires. Elles riaient en fumant des cigarettes qui laissaient des volutes autour d'elles.

Mon éducation sexuelle s'est sans doute construite ainsi, en tentant de mettre des images sur les mots entendus. J'ai compris que ma mère n'était guère satisfaite dans ce domaine et que, sans contraception, ses grossesses s'étaient enchainées sans contrôle possible.

Malgré mon jeune âge, ma mère m'évoquait souvent ce sujet allant jusqu'à me confier un jour, depuis les toilettes dont la porte était restée grande ouverte, que nous devrions être cinq enfants ; elle avait heureusement fait passer le cinquième avec une aiguille à tricoter me dit-elle.

Choquée, des questions et des images glauques m'envahirent longtemps. Comment aborder l'adolescence et les changements du corps dans cet environnement ?
Etrangement, l'arrivée de mes règles me sembla un évènement naturel même si je sentis que quelque chose avait changé et que rien ne serait plus jamais pareil. L'ennui est arrivé ; tous les jeux que je partageais avec mes sœurs et mon frère ne m'intéressaient plus.

J'avais beau essayer de retrouver l'enthousiasme qui m'animait, l'enfance semblait partie.

La seule activité qui demeura encore longtemps fut les rituels de soin que j'accordais à ma poupée. Dès mon retour de l'école, puis du collège, je m'affairais auprès de ce poupon. Je pratiquais méthodiquement et dans un ordre précis une toilette complète, puis je l'habillais, le nourrissais et le couchais.

Apaisée, je pouvais alors retrouver mes livres et devoirs du soir. Le temps était compté : je devais les terminer avant le retour de mon père et des cris.

12- Aquarium

Il est rectangulaire, sans couvercle. Juste un aquarium posé là, devant moi, un brouillard diffusant une lumière blanchâtre tout autour.

A l'intérieur une eau épaisse, presque opaque tant sa noirceur est troublante. Mon regard cherche et ne trouvent que des formes inquiétantes qui se meuvent, se frôlent, glissent les unes contre les autres tant l'espace est réduit.

Ce ne sont pas vraiment des poissons, rien qui ne me permette de les nommer ainsi. Des bouches de mérous peut-être. Mon cœur st serré et je ne peux détacher mon regard de ces dos visqueux qui ondulent à la surface.

Et puis un éclat de lumière rouge orangé apparaît à la surface : un poisson cette fois, qui frétille, comme terrorisé, prisonnier de ce marasme glauque.

Ma main tendue s'approche de la surface, paume tournée vers le ciel. Ce petit être saute alors et je le sens qui se tortille au creux de ma main.

Je me réveille avec le cœur qui tambourine dans ma poitrine, soulagée de m'être enfuie. Je reconnais cet aquarium ; je l'ai déjà croisé durant d'autres nuits. Je reconnais aussi le malaise niché au creux de mon ventre…

J'ai cinquante ans.

13- le voyage

Chaque douleur de l'enfance, chaque larme, chaque cri ont modelé mes choix au cours des différents chapitres de ma vie. Je me suis infligée des maltraitances, physiques et morales en jouant avec les limites de mon corps et de mon esprit.

J'ai vaincu des épisodes d'anorexie et de boulimie. Je sais dorénavant échapper à toute forme de relations toxiques : ne plus laisser quiconque me blesser, ne plus m'abimer. Pourtant, chaque jour croise un doute, un souffle court ou une peur et chaque nuit, une angoisse envahissante ou un rêve sordide. La petite fille et sa souffrance sont toujours nichées dans mon cœur. J'aimerais encore aujourd'hui lui dire que tout ira bien. J'aimerais enfin le croire pour la libérer, pour me libérer.

Tout autour de moi

D'intrépides bourrasques

Agitent mon cœur.

La vie est ainsi devenue une forme de voyage durant lequel j'observe ceux qui m'entourent. Les gares m'ont longtemps évoqué des moments douloureux de gorges serrées de boules au ventre et de tristesse infinie. Elle m'ouvre désormais les portes d'Ailleurs à découvrir, de retrouvailles attendues, de bonheur à venir. Les paysages défilent, présentant des ciels qui changent des villages aux couleurs variées. Chaque maison porte des histoires que j'imagine.

Et puis il y a les habitants éphémères de chaque wagon. Chacun s'installe, crée son petit univers, tablette, boisson, sandwich, journal... Et le temps se déroule, rythmé par le sifflement du train qui fend l'air, ou par les contrôleurs et personnel de propreté.

L'homme qui me fait face lit l'équipe ; il toussote régulièrement, soupire et finit par s'assoupir, tête renversée bouche entrouverte, plongé dans un abandon évident. À quoi ou de qui rêve-t-il ? À son réveil, il prend sa collation chocolatée puis semble se préparer pour le prochain arrêt. Son univers disparaît dans son sac enlevant toute trace de son passage. Il prend le temps de rouler une cigarette qu'il place entre ses lèvres, prêt à aspirer sa bouffée de plaisir sur le quai.

A peine disparu, une autre histoire s'installe devant moi avec l'arrivée d'un nouveau voyageur.

Plénitude

C'est ainsi. Pas à pas, elle avance timidement vers un arbre majestueux dont les branches caressent le vent. Il fait froid mais la lumière qui filtre à travers le feuillage vient caresser sa peau. Elle frissonne.

Encore quelques pas et il sera là, tout sera présent. Le vide sera comblé, sans aucun retour possible.

Brume matinale

Aux volutes naissantes

Efface la nuit.

Tinte le grelot

Pour effacer ta peine.

Il chante pour toi.

FSC
www.fsc.org
MIXTE
Papier issu
de sources
responsables
Paper from
responsible sources
FSC® C105338